APEX

Jornada de Fe

D1 DISCERNIMIENTO

I0806876

Decir "sí" a Jesús

"Hoy es el comienzo de una parte muy importante de la jornada de fe de ustedes", dijo la señora Evans a la clase. "Ustedes han estado aprendiendo acerca de Dios, la Iglesia, los sacramentos y cómo vivir como Jesús. Ahora les ha llegado el momento de elegir, de decir 'sí', a la invitación de Dios a convertirse en miembro oficial de su Iglesia".

"¿Así que nada más que tenemos que decir 'sí' y ya somos católicos?" preguntó Terrence.

"Bueno, eso no es así tan sencillo", dijo la señora Evans. "Ustedes empezarán por tomar parte en una ceremonia llamada rito de elección. De eso es de lo que vamos a hablar hoy".

NIÑOS

¿Estás entusiasmado ante la idea de decirle "sí" a Jesús? ¿Estás nervioso? ¿Por qué?

Jesús nos llama

Jesús escogió a las personas que habrían de caminar con él y ayudarlo en su trabajo. Sin embargo, no todas las personas a las que llamó le dijeron que "sí".

Había un joven rico que quería caminar con Jesús. Jesús le dijo al joven que tenía que vender todas sus posesiones y dar el dinero a los pobres. El joven no quería darlo todo, así que dijo "no". Eso entristeció mucho a Jesús. (Marcos 10: 17–31).

¿Cómo te sentirías tú si Jesús te pidiera que lo regalaras todo?

¿Qué razón tendría alguien para decir "no" cuando se le pidiera regalar sus cosas?

¿Qué razones pudiera alguien tener para decir "sí" a esa petición?

Otro hombre fue llamado a seguir a Jesús. Ese hombre le dijo a Jesús que se le uniría después, cuando su padre muriera. Ese hombre quería seguir a Jesús pero dijo "todavía" (Lucas 9:57–62).

¿Por qué crees que Jesús quiere que le sigamos en este instante?

Las doce personas a las que Jesús llamó para que le siguieran y guiaran su Iglesia recibieron el nombre de apóstoles. Todos los que siguen las enseñanzas de Jesús reciben el nombre de discípulos. Ahora que ya estás dispuesto o dispuesta a decirle "sí" a Jesús, ¡también te convertirás en discípulo!

Eran muchas las esperanzas que se abrían para los discípulos si permanecían junto a Jesús. Él era el Mesías. Él prometía la vida eterna. Sin embargo, no era fácil seguirle. Jesús fue torturado y se le mató. Lo mismo les pasaría también a muchos de sus seguidores.

¿Qué es lo que te entusiasma de hacerte discípulo de Jesús?

¿Qué es lo que te da miedo de convertirte en discípulo de Jesús?

Rito de elección

Nosotros creemos que Jesús nos llama a ser sus seguidores. Como seguidores de Jesús, tenemos que seguir las reglas establecidas por Dios y vivir como Jesús quiere que vivamos. Jesús no nos fuerza a ser sus seguidores. Él nos invita. Nosotros decidimos si aceptamos o no su invitación. La Iglesia Católica tiene un rito especial, una ceremonia, para la aceptación de la invitación de Jesús. A esa ceremonia se le llama **rito de elección** y se realiza durante una misa especial. Ese rito es tu oportunidad de elegir a Jesús y de hacerle saber que quieres que tu vida sea como él quiere que sea.

Durante el rito de elección, se te pedirá que pases al frente con tu catequista, quien les dirá a todos que tú quieres seguir a Jesús. Después, el sacerdote le preguntará a los presentes si aceptan tu decisión. Cuando ellos te dan el "sí", tu nombre será registro en un libro llamado el **Libro de los Elegidos**. ¡Ese es un día muy especial en tu jornada para encontrarte con Jesús y la Iglesia! ¡Es el del reconocimiento público de tu deseo de unirte a la Iglesia y vivir como Jesús!

Jornada de Fe

Vivir la Cuaresma

"¡Oh, no!" dijo Tanya como si le faltara el aire. "Se me olvidó que hoy es viernes y estamos en Cuaresma ¡y traje una hamburguesa para comer al mediodía! ¿Qué debo hacer?" le preguntó a Tomás.

"Um", Tomás se puso a pensar. "La señora Evans dijo que en la Cuaresma uno renuncia a cosas que le gustan y hace buenas obras para parecerse más a Jesús. ¿Qué te parece si le das la hamburguesa a alguien que pueda comer carne hoy y no haya comido todavía?"

"¡Buena idea!" dijo Tanya sonriendo.

Caminemos con Jesús

Durante la Cuaresma, la Iglesia sigue la ruta que siguió Jesús. Meditamos sobre su muerte en la cruz. Recordamos su sufrimiento y su muerte. Reflexionamos sobre su muerte como gran acto de amor y de perdón. Nuestra jornada de Cuaresma termina con la celebración de la gloriosa resurrección de Jesús en el Domingo de Pascua.

En esta Cuaresma, estarás más cerca de Jesús que nunca antes. En esta Vigilia Pascual tan especial, responderás al amor de Dios con tu "sí" tan especial.

Jesús en el desierto

LUCAS 3:21–22; 4:1–15

Cuando estaba Jesús comenzando su ministerio, fue a donde Juan el Bautista y fue bautizado en el río Jordán. Una voz del cielo dijo, "Tú eres mi hijo; yo hoy te he engendrado" (3:22). Al escucharla la gente, algunos se preguntaron si Jesús sería el Salvador. Jesús partió al desierto para prepararse. En vez de comer, oraba, y el diablo lo tentó diciéndole, "Si eres Hijo de Dios, di a esta piedra que se convierta en pan" (4:3). A pesar de estar hambriento, no se dejó engañar. Le respondió al diablo, "No sólo de pan vive el hombre" (4:4, ver también Deuteronomio 8:2–4).

A continuación, el diablo lo llevó a una montaña desde la cual podía divisar todos los reinos del mundo. El diablo dijo "Si, pues, me adoras, toda (esta gloria) será tuya" (4:7). Jesús le contestó, "Adorarás al Señor tu Dios y sólo a él darás culto" (4:8). Por último, llevó el diablo a Jesús a lo más alto del Templo y le dijo, "Si eres Hijo de Dios, tírate de aquí… porque… (Dios) a sus ángeles te encomendará para que te guarden" (4:9–10). Pero Jesús dijo, "(La Biblia) también dice, 'No tentarás al Señor tu Dios'" (4:12).

Entonces el diablo se retiró y los ángeles vinieron a cuidar a Jesús. Cuando abandonó el desierto, ya estaba fuerte y dispuesto a hacer la voluntad de Dios.

¿Cuándo te has sentido tentado a hacer algo malo?

¿Cómo le dijiste "no" a la tentación y "sí" a las buenas acciones?

Cuatro medios para resistir las tentaciones

LA LECTURA DE LA PALABRA DE DIOS

Cuando Jesús fue tentado, el respondió citando la Palabra de Dios. La Biblia nos ofrece muchas cosas que nos ayudan a hacer el bien y a conocer la voluntad de Dios; entre ellas se incluyen reglas, palabras de consuelo, y palabras que nos dan fuerza para resistirnos a la tentación. Durante la Cuaresma, invierte algo más de tiempo leyendo la Biblia.

¿Qué tipo de ayuda necesitas obtener de la Biblia?

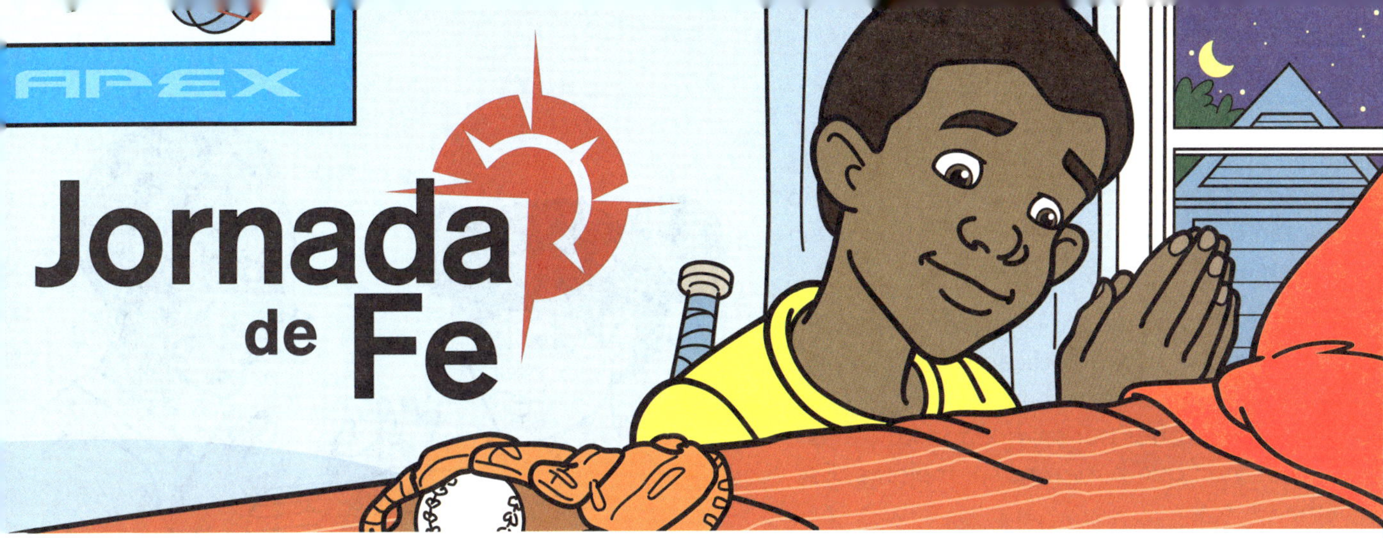

Jornada de Fe

Reflexionar para elegir

"Vamos a imaginarnos una situación y quiero que ustedes me digan si lo que hizo esa persona fue correcto o incorrecto", anunció la señora Evans. "Uno de los niños del aula de ustedes fue a la taquilla de otro y se robó sus zapatos de hacer deportes".

"¡Eso es malo!" Terrence fue el primero en hablar y lo hizo bien alto.

"Sí", asintió la señora Evans. "Pero… ¿y si se enteraran de que los padres de ese niño o niña no podía comprarle los zapatos y él o ella los necesitara para las clases?"

Ahora el grupo se tomó un poquito más de tiempo para pensarlo.

"Todavía sigo pensando que eso es incorrecto", dijo Lisa. "Ese niño podía haber pedido que le prestaran los zapatos, pero la verdad es que no parece tan malo como si los hubiera robado sin motivo alguno".

La señora Evans asintió, "El porqué hacemos las cosas importa. A eso le dedicaremos hoy nuestra clase. Examinaremos atentamente nuestras acciones, las razones por las que tomamos las decisiones y en qué podemos ser mejores. Eso se llama escrutar".

Mirarnos por dentro

Jesús nos da reglas muy claras acerca de qué es bueno y qué es malo pero, así y todo, a veces nos confundimos cuando otras voces (e incluso nuestra propia voz) ahogan la voz de Jesús. Es por eso que es importante que realmente **escrutemos** o examinemos con gran atención las cosas que hacemos y cómo nos sentimos cuando tomamos una mala decisión.

Esto es tan importante que el RICA hasta tiene un rito que denominamos los escrutinios. Los **escrutinios** están destinados a ayudarte a poner al descubierto las veces en que dices no a Dios y a darte la fuerza necesaria para darle siempre a él tu sí. Solo participarás en los escrutinios si todavía no has sido bautizado. Sin embargo, incluso en el caso de que ya hayas sido bautizado podrás aprender mucho de lo que los escrutinios enseñan.

Primer escrutinio

CRISTO ES AGUA VIVA

En el relato de los Evangelios en el que Jesús se encuentra con la mujer samaritana en el pozo (Juan 4:5–42), él le dice a ella que él es agua viva:

> *"Jesús le respondió, 'Todo el que beba de esta agua, volverá a tener sed; pero el que beba del agua que yo le dé, no tendrá sed jamás, sino que el agua que yo le dé se convertirá en él en fuente de agua que brota para vida eterna'".*
>
> *Juan 4:13–14*

¿En qué sentido es Jesús nuestra agua viva?

¿De qué manera da el bautismo la vida eterna?

El Credo

"Qué haces?" preguntó Tanya a Lisa.

"Estoy tratando de aprenderme de memoria el compromiso de los participantes en un club al que me uní para mi tiempo libre. En el compromiso hay una lista de las actitudes que el club respalda y de cómo se suponen que nos comportemos los miembros".

"¡Deberíamos escribir un compromiso como ese para nuestra clase del RICA! Vamos a contarle a la señora Evans".

La señora Evans rió, "¿Saben qué? Ya ustedes han hecho algo así con el RICA. Es más, toda la Iglesia Católica lo aplica. Se llama el Credo".

 CIC 166–75, 185–97

Creo

Cuando decimos el **Credo**, declaramos nuestra fe en las doctrinas católicas más importantes. Todo católico del mundo las comparte. Todos los católicos la han compartico a lo largo de la historia. ¡Se trata de las mismas enseñanzas que Jesús transmitió a sus discípulos!

EL CREDO DE LOS APÓSTOLES

Creo en Dios Padre Todopoderoso,

creador del cielo y de la tierra.

y en Jesucristo, su único Hijo, nuestro Señor,

que fue concebido por obra y gracia del Espíritu Santo;

nació de santa María Virgen;

padeció bajo el poder de Poncio Pilato;

fue crucificado, muerto y sepultado;

descendió a los infiernos;

al tercer día resucitó de entre los muertos;

subió a los cielos;

y está sentado a la derecha del Padre,

y desde allí ha de venir a juzgar

a los vivos y a los muertos.

Creo en el Espíritu Santo,

la Santa Iglesia Católica,

la Comunión de los Santos,

el perdón de los pecados,

la resurrección de los cuerpos

y la vida eterna.

Amén.

Jornada de Fe

El Vía Crucis

“Hoy”, anunció la señora Evans, “vamos a aprender lo que significa seguir los pasos de Jesús”.

“¿No es eso lo que hacemos todos los días?” preguntó Terrence.

“Sí”, asintió la señora Evans. “Pero hoy vamos a seguir a Jesús en una forma muy especial. Los católicos tenemos una devoción especial llamada el Vía Crucis. Cuando lo recorremos, seguimos el camino que condujo a Jesús a su muerte. Al recorrerlo reflexionamos sobre nuestras propias cruces, sobre las cosas que hacen parecer difícil nuestra vida, y recordamos que la Pascua y la nueva vida en Dios, vendrá pronto”.

CIC 2663–69

¿Qué clases de cruces carga hoy la gente?

Siguiendo las huellas de Jesús

Son catorce las estaciones tradicionales del Vía Crucis. Cada una de las estaciones se centra en un momento del sufrimiento de Jesús. El Vía Crucis nos recuerda que no estamos solos, ni siquiera cuando la vida resulta difícil. Jesús sufrió por nosotros, nos dio vida eterna. A veces también nosotros tenemos que cargar cruces, pero Jesús siempre estará con nosotros.

1. Jesús es condenado a muerte.

A Jesús lo acusaron de cosas que no había hecho. Pilato, el gobernante, preguntó al pueblo si pensaba que debía liberar a Jesús. Ellos le respondieron a gritos, "Crucifícalo". Así que Pilato les entregó a Jesús para que lo crucificaran.

Jesús, no es justo que hayas sido enviado a la muerte. Hazme tan humilde como tú cuando me culpen de cosas que no hice.

2. Jesús carga su cruz.

Jesús tuvo que recorrer un largo camino llevando su cruz. ¡La cargó por nosotros!

Yo cargo cruces como las de la preocupación, el miedo y la ira. Ayúdame a llevarlas en tu nombre, Jesús. Guía el camino y dame la esperanza que nace de ti.

3. Jesús cae la primera vez.

A Jesús lo golpearon ferozmente. Él estaba muy débil. Él cayó por lo pesada que era su cruz.

Me entristece verte caer al suelo, Jesús. Ayúdame a levantarme cada vez que yo no consiga seguirte.

4. Jesús se encuentra con su madre.

¡Imagínate lo triste que tiene que haber estado María! Tiene que habérsele hecho pedazos el corazón al ver el sufrimiento de Jesús.

Santa María, tú estás triste y asustada por lo que está pasando Jesús. Tú sabes que él va a morir pero no te apartas de su lado. Ayúdame a cuidar y no abandonar nunca a las personas que amo.

5. Simón ayuda a Jesús a llevar su cruz.

Jesús estaba muy débil. Los soldados forzaron a Simón de Cirene, un hombre que estaba entre la multitud, a ayudar a Jesús a llevar su cruz.

Si yo estuviera junto a ese camino, quisiera que naciera de mí el ayudarte sin que tuvieran que forzarme a hacerlo. Hoy puedo ayudarte ayudando a mi familia y mis amigos.

6. Verónica enjuga la cara de Jesús.

El rostro de Jesús estaba lleno de sudor, polvo y sangre. Verónica usó su velo para enjugarle la cara. La imagen del rostro de Jesús quedó grabada en el velo.

Dios, solo tú puedes borrar la tristeza. Hacemos el mundo mejor cuando nos proporcionamos consuelo los unos a los otros. Jesús, ayúdame a perdonar y a buscar el perdón.

Jornada de Fe

DISCERNIMIENTO D6

La oración del Señor

"Lo he estado intentando", dijo Terrence, "pero sigo sin estar seguro de que he comprendido cómo se debe rezar. ¿Cómo lo hacía Jesús?"

"¡No eres tú la primera persona que hace esa pregunta!" contentó la señora Evans. "Si abrimos nuestras Biblias en Lucas capítulo 11, versículos 1-4, veremos que los discípulos le hicieron una pregunta muy parecida a Jesús. Vamos a leerlos para ver cuál fue la respuesta de Jesús".

NIÑOS

Lee Lucas 11:1–4. ¿Te suena conocida la respuesta de Jesús?

Jesús nos enseña a rezar

Jesús dio a sus discípulos la Oración del Señor cuando ellos le preguntaron cómo debían rezar. Jesús quiso que ellos, y nosotros, supiéramos que Dios nos ama como un padre. Nosotros somos verdaderos hijos de Dios. Ahora reza la Oración del Señor y hazlo en esta ocasión pensando en qué clase de padre es Dios para ti.

LA ORACIÓN DEL SEÑOR

Padre nuestro, que estás en el cielo,
santificado sea tu nombre,
venga a nosotros tu reino,
hágase tu voluntad
así en la tierra como en el cielo.
Danos hoy nuestro pan de cada día,
perdona nuestras ofensas
como también nosotros perdonamos
a los que nos ofenden,
no nos dejes caer en la tentación
y líbranos del mal. Amén.

Jornada de Fe

El significado de la Semana Santa

En solo una semana más, el grupo del RICA de la señora Evans ingresaría en la Iglesia. La señora Evans repasaba con el grupo todo lo que sucedería durante esa semana.

"No lo entiendo", dijo Terrence al tiempo que alzaba la mano. "¿Por qué le llamamos Santo al jueves en que mataron a Jesús? ¿No fue ese un día lleno de maldad?"

"La muerte de Jesús fue una cosa mala", asintió la señora Evans "pero fue buena la razón por la que murió. Es más, ¡La muerte de Jesús fue el más increíble acto de amor que pudiera nadie imaginar! Jesús murió para salvarnos. A todos los que estamos en este salón y a todas las personas del mundo. Eso es algo muy, muy bueno".

¿Qué opinión tienes ahora sobre tu decisión de unirte a la Iglesia?

¿Tienes alguna pregunta acerca de la Semana Santa?

¿Qué puedes tú hacer para saludar a Jesús cuando venga a ti en la Vigilia Pascual?

El Domingo de Ramos

Al **Domingo de Ramos** se le llama también "Domingo de Pasión". En la misa del Domingo de Ramos escuchamos dos narraciones de los Evangelios. La primera nos relata la entrada gozosa de Jesús en Jerusalén. La segunda es el relato de cómo Jesús fue traicionado, arrestado y crucificado. A estos acontecimientos se les llama la Pasión de Jesús.

¡Qué viva el Rey!

Jesús entró a Jerusalén para asistir a la celebración de la Pascua. Todos los años, el pueblo judío se reunía para recordar el paso de los israelitas de la esclavitud a la libertad bajo la conducción de Moisés. Cuando la gente se enteró de que Jesús vendría, salieron a la calle a recibirlo. Cubrían el camino con sus mantos y agitaban al aire hojas de palma. La gente gritaba, "¡Hosanna! ¡Bendito el que viene en nombre del Señor, y el Rey de Israel!" (Juan 12:13). Jesús entró montando un burrito porque era así como la Biblia decía que el rey entraría.

El Jueves Santo

El **Jueves Santo** se conmemora la Última Cena. Jesús hizo dos cosas muy importantes durante la **Última Cena**:

Jesús se ató una toalla a la cintura y lavó los pies a sus discípulos. Pedro no quería que Jesús le lavara los pies, pero Jesús le dijo, "¿Comprendéis lo que he hecho con vosotros? …Pues si yo, el Señor y el Maestro, os he lavado los pies, vosotros también debéis lavaros los pies unos a otros" (Juan 13:12–14). Jesús dio un ejemplo a seguir por sus discípulos y por nosotros. Él quería que nosotros comprendiésemos que nuestro trabajo era servir a los demás.

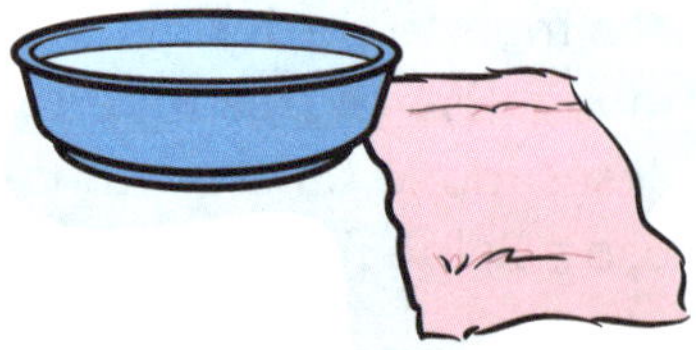

Jornada de Fe

El retiro de la Vigilia Pascual

"Ustedes han recorrido ya un largo camino", sonrió la señora Evans. "¡Yo estoy muy orgullosa de ustedes! Es mucho lo que han aprendido sobre la fe católica. ¡Toda la parroquia celebrará en la Vigilia Pascual el ingreso de ustedes a una nueva vida en Jesús!

"Hoy vamos a reflexionar sobre esa jornada. Sobre todas las cosas que ustedes han aprendido y sobre todo lo que aún nos queda por aprender juntos".

¿Qué es lo que más te ha gustado del RICA?

Menciona una o dos cosas de las aprendidas que sean de verdadera importancia para ti.

Oración inicial

Señor, abre hoy nuestras mentes y nuestros corazones a tu presencia. Guíanos en nuestro caminar por este proceso y aproxímanos a ti. Ayúdanos a conocerte mejor. Ayúdanos a ver tu bondad en toda persona que encontremos en el camino.

Primera lectura: Génesis 1:1—2:2

"Vio Dios cuanto había hecho, y le pareció que todo estaba muy bien".

Adaptado de Génesis 1:31

Piensa en lo cerca de ti que está siempre Dios. Si puedes, sal al aire libre y busca a Dios en la naturaleza. Mira las flores, la hierba y las hojas. Respira el fresco aire de la primavera. ¡Dale gracias a Dios!

Menciona dos lugares en los que te sientas cerca de Dios.

____

____

Segunda lectura: Génesis 22:1–18

"Dios puso a prueba a Abraham. Le dijo, '¡Abraham!' '¡Heme aquí!' le contestó Abraham".

Adaptado de Génesis 22:1

"¿Confías en mí? ¿Estás dispuesto?" preguntó Dios a Abraham. Cuando te preparas para ingresar a la Iglesia, Dios te pregunta lo mismo a ti.

¿Estás dispuesto a servir a Dios?

Tercera lectura: Éxodo 14:15—15:1

"Y viendo Israel la mano fuerte que el Señor había desplegado contra los egipcios, temió el pueblo al Señor, y creyeron en él y en Moisés, su siervo".

Adaptado de Éxodo 14:31

Al igual que el pueblo de Dios, tú has recorrido un camino. El amor de Dios ha estado trabajando en ti. Pide a Dios que te ayude a darte cuenta de este milagro.

¿En qué sentido has cambiado tú desde que comenzaste a aprender sobre la Iglesia Católica?

Cuarta lectura: Isaías 54:5–14

"Aunque las montañas cambien de lugar y las colinas se estremezcan, mi amor nunca te faltará ni mi alianza de paz se debilitará, dice el Señor, que tiene compasión de ti".

Adaptado de Isaías 54:10

Pase lo que pase en tu vida, el amor de Dios y las promesas que te ha hecho nunca cambiarán.

¿Cómo te hace sentir el saber que Dios te ama profundamente y para siempre?

Quinta lectura: Isaías 55:1–11

> *"Así será la palabra que salga de mi boca; mi palabra no regresará a mí vacía, sino habrá realizado mi voluntad y cumplido el fin para el que la envié".*
>
> *Adaptado de Isaías 55:11*

"Vacía" significa "que no contiene nada" o "que es superficial y carente de interés". ¡La palabra de Dios nunca es superficial y siempre está llena de interés! La palabra de Dios cambia los corazones y crea una nueva vida.

Escribe a continuación dos de tus citas bíblicas preferidas. ¿Por qué son ellas tus favoritas?

Sexta lectura: Baruc 3:9–15, 32—4:4

> *"Benditos somos, oh, Israel; ¡Dios nos ha revelado lo que le agrada!"*
>
> *Adaptado de Baruc 4:4*

Dios le habla a nuestro corazón para ayudarnos a hacer lo que es correcto.

Menciona dos cosas que puedes hacer para que Dios esté feliz.

Séptima lectura: Ezequiel 36:16–28

> *"Yo les daré un corazón nuevo y un espíritu nuevo, sacaré de sus cuerpos ese corazón de piedra y les pondré un corazón normal".*
>
> *Adaptado de Ezequiel 36:26*

Cuando decimos que alguien tiene un "corazón de piedra", eso significa que la persona es mala y no escucha a Dios ni se interesa en los demás. El corazón de Dios nunca es duro. Él quiere que nuestro corazón sea como el de él.

En uno de los corazones que aparecen a continuación, escribe algo que quieras cambiar en ti. En el otro, escribe algo bueno que Dios ha puesto en tu corazón.

Epístola: Romanos 6:3–11

> *"Fuimos, pues, con él sepultados por el bautismo en la muerte, a fin de que, al igual que Cristo fue resucitado de entre los muertos por medio de la gloria del Padre, así también nosotros vivamos una vida nuevas".*
>
> *Romanos 6:4*

Puesto que Jesús resucitó una nueva vida, nosotros sabemos que nosotros también resucitaremos un día a una nueva vida. Jesús nos lo prometió.

¿Cómo cambiará tu nueva fe tu forma de vivir y actuar?

Evangelio: Año A, Mateo 28:1–10; Año B, Marcos 16:1–7; Año C, Lucas 24:1–12

> *"Buscáis a Jesús de Nazaret, el Crucificado; ha resucitado, no está aquí".*
>
> *Marcos 16:6*

¡Jesús realmente resucitó de entre los muertos! Él nos ofrece a todos nosotros vida eterna en él. ¡Qué cosa tan formidable!

Escribe una oración con la que, al rezarla, des gracias a Jesús por tu nueva vida. No tiene que ser extensa.

¡Celebra tu nueva vida!

Para celebrar tu nueva vida en Jesús, crea un estandarte en el que utilices símbolos y colores que representen tu jornada de fe. Puedes incluir: el agua, el aceite u óleo, una vela o llama, una paloma, la Biblia, la cruz, un cordero, un cáliz, una hostia, manos en actitud de oración, el edificio de una iglesia, ángeles, notas musicales ¡o cualquier otra cosa que se te ocurra!

Resumen

- En el RICA se crece en el amor de Dios y su Iglesia.
- Las lecturas de la Escritura correspondientes a la Vigilia Pascual nos permiten reflexionar en nuestra fe.
- Cuando uno se convierte en católico, no ha hecho más que comenzar su vida en la Iglesia.

***Jornada de Fe para Niños, Discernimiento, D8* (827013)**

Imprimi Potest: Stephen T. Rehrauer, CSsR, Provincial de la Provincia de Denver, Redentoristas.

Imprimatur: "Conforme al *CIC* 827, el 20 de septiembre de 2017, el reverendo Mark S. Rivituso, obispo auxiliar de la archidiócesis de St. Louis, concedió el permiso de publicación. El Imprimátur es un permiso para la publicación que indica que la obra no contiene contradicciones con las enseñanzas de la Iglesia Católica, sin embargo no implica la aprobación de las opiniones que se expresan en ella. Con este permiso no se asume ninguna responsabilidad".

Jornada de Fe © 2000, 2017 Liguori Publications, Liguori, MO 63057. Para hacer pedidos, visite *Liguori.org* o llame al 800-325-9521. Liguori Publications, corporación no lucrativa, es un apostolado de los Redentoristas. Para saber más acerca de los Redentoristas visite Redemptorists.com.

Editores de *Jornada de Fe para Niños* 2017: Theresa Nienaber-Panuski and Pat Fosarelli, MD, DMin.

Diseño y producción: Wendy Barnes, John Krus, Lorena Mitre Jimenez, Bill Townsend. Ilustraciones: Jeff Albrecht.

Impreso en los Estados Unidos de América. Tercera edición.

LIBROS LIGUORI

Jornada de Fe

¿De qué forma puedes tú servir a los demás esta semana?

Después, durante la cena de la Pascua, Jesús se entregó a nosotros ¡en las formas del pan y el vino! Tomando el pan dijo, "Este es mi cuerpo" y alzando la copa dijo, "Esta es mi sangre" (Mateo 26:26–30; Marcos 14:22–24). También dijo, "Haced esto en recuerdo mío" (Lucas 22:19). Esta fue la primera Eucaristía.

¿Piensas en Jesús antes de las comidas?

El relato de la Pasión

Después del banquete, Jesús condujo a sus discípulos al huerto de Getsemaní para orar. Encontrándose allí, llegaron unos soldados a arrestar a Jesús. Poncio Pilato había dicho a los soldados que lo golpearan y lo crucificaran. Los soldados se burlaron de Jesús. Lo despojaron de sus ropas y lo vistieron con una túnica roja del tipo de las que vestían los reyes. Entonces pusieron en su cabeza una corona de espinas. Después de torturarlo, se lo llevaron. Jesús cargó su cruz a lo largo de todo el camino hasta el Calvario, donde le dieron muerte.

¿Por qué crees tú que nadie salió en defensa de Jesús ni lo ayudó?

¿Cómo puedes tú ayudar a otros cuando ves que lo están lastimando o sometiendo a un bullying?

El Viernes Santo

El **Viernes Santo** es triste pero es un día muy importante para la Iglesia. Tres veces escuchamos, "Este es el árbol de la cruz donde está clavado el Salvador del mundo". Tres veces contestamos, "Venid, adoremos". Entonces **veneramos** —honramos— la cruz arrodillándonos junto a ella, tocándola o besándola. Entonces salimos en silencio de la iglesia porque ya no hay nada más que decir. Jesús lo dijo —y lo hizo— todo.

¿Cómo puedes honrar la cruz de Jesús en tu casa?

El Sábado Santo

Durante todo el día del **Sábado Santo**, la iglesia permanece en silencio y no hay nada sobre el altar. Nos estamos preparando mediante la oración y el ayuno para recibir los sacramentos pascuales. Al anochecer, todos los fieles se congregan para celebrar la Vigilia Pascual.

La **Vigilia Pascual** comienza en la puerta, donde se enciende el cirio pascual que es llevado entonces al interior de la iglesia. Todos encendemos nuestras velitas con la llama del cirio que representa a Cristo. La luz inunda la iglesia. Cantamos el "¡Aleluya!" Escuchamos las lecturas de la Escritura que nos muestran cómo, desde los principios del tiempo, Dios ha venido salvándonos. Por último, escuchamos el relato de la resurrección.

Después de las lecturas, todos los que se van a convertir en católicos reciben los sacramentos. Si todavía no te habías bautizado, recibirás el bautismo. Después todos serán confirmados. En un momento posterior de la misa, recibirás tu primera Eucaristía junto al resto de los fieles.

¿Cómo celebrarás este año la Resurrección y tu incorporación a la Iglesia Católica?

Para leer juntos

Lee con tu familia una versión del relato de la resurrección (Mateo 28:1–10; Marcos 16:1–7; Lucas 24:1–12). Imagínate visitando el sepulcro vacío. Tú piensas que Jesús ha muerto pero un ángel aparece y te dice que él ha resucitado.

¿Qué hubieras hecho o dicho tú en ese momento?

Túrnense para contar al grupo cómo se siente cada uno de ustedes.

Resumen

- Durante la Semana Santa, seguimos los acontecimientos de la pasión de Jesús y su culminación en la resurrección.
- El Domingo de Ramos y el Triduo Pascual conmemoran los acontecimientos principales de la Semana Santa.
- Jesús quiere que transmitamos a los demás la buena noticia de su resurrección.

***Jornada de Fe para Niños, Discernimiento, D7* (827013)**

Imprimi Potest: Stephen T. Rehrauer, CSsR, Provincial de la Provincia de Denver, Redentoristas.

Imprimatur: "Conforme al *CIC* 827, el 20 de septiembre de 2017, el reverendo Mark S. Rivituso, obispo auxiliar de la archidiócesis de St. Louis, concedió el permiso de publicación. El Imprimátur es un permiso para la publicación que indica que la obra no contiene contradicciones con las enseñanzas de la Iglesia Católica, sin embargo no implica la aprobación de las opiniones que se expresan en ella. Con este permiso no se asume ninguna responsabilidad".

Jornada de Fe © 2000, 2017 Liguori Publications, Liguori, MO 63057. Para hacer pedidos, visite *Liguori.org* o llame al 800-325-9521. Liguori Publications, corporación no lucrativa, es un apostolado de los Redentoristas. Para saber más acerca de los Redentoristas visite Redemptorists.com.

Editores de *Jornada de Fe para Niños* 2017: Theresa Nienaber-Panuski and Pat Fosarelli, MD, DMin.

Diseño y producción: Wendy Barnes, John Krus, Lorena Mitre Jimenez, Bill Townsend. Ilustraciones: Jeff Albrecht.

Impreso en los Estados Unidos de América. Tercera edición.

LIBROS LIGUORI

Jornada de Fe

Un modo de orar

Dios te ama como hijo suyo que eres. En la Oración del Señor, damos gracias a Dios por cuidarnos y por estar siempre al tanto de nosotros.

Padre nuestro, que estás en el cielo, santificado sea tu nombre,

Cuando decimos "santificado", estamos diciendo "Dios, tú y tu nombre son sagrados. Escucha, por favor, nuestras plegarias".

venga a nosotros tu reino, hágase tu voluntad así en la tierra como en el cielo.

Con estas palabras estamos rogando que el reino de Dios se instale en la tierra y la humanidad cumpla la voluntad de Dios y trabaje desde este mundo por su salvación.

Danos hoy nuestro pan de cada día,

Nuestro "pan de cada día" no es simplemente el alimento. Es todo lo que necesitamos para vivir, tanto en el sentido físico como en el espiritual. Le pedimos a Dios que nos dé todo lo que necesitamos para crecer y para servirle mejor. Mediante la Sagrada Eucaristía recibimos también de Dios un tipo especial de "pan de cada día". En la Sagrada Eucaristía recibimos el Cuerpo y la Sangre de Jesús y Jesús se hace verdaderamente presente en nosotros.

perdona nuestras ofensas como también nosotros perdonamos a los que nos ofenden,

Cuando ofendemos a alguien, en cualquier sentido, estamos pecando contra esa persona porque la estamos lastimando. Con estas palabras

le pedimos a Dios que perdone nuestros pecados y el daño que hemos ocasionado. También recordamos que también nosotros tenemos que perdonar a quienes nos han lastimado.

no nos dejes caer en la tentación y líbranos del mal.

A veces prestamos más atención a otras voces que a la voz de Dios. Esas voces nos apartan de Dios. Como queremos estar cerca de él, le pedimos a Dios que nos tenga cerca y nos aparte de las cosas y las acciones malas.

Amén.

"Amén" significa "¡Sí! ¡Creo!". De manera que terminamos la Oración del Señor diciéndole a Dios que sí creemos en todo lo que hemos dicho al rezar.

¿QUÉ SIGNIFICA?

Escribe una o dos oraciones que expresen lo que cada una de las líneas de la Oración del Señor significa para ti. Si necesitas ayuda, puedes utilizar esta lección impresa, tu Biblia, el Catecismo o la ayuda del maestro de tu grupo.

Cuando decimos las siguientes palabras queremos decir...

Dios es nuestro Padre.

Nosotros santificamos el nombre de Dios.

La voluntad de Dios debe cumplirse en la tierra.

Dios nos da el pan de cada día.

Dios perdona nuestras ofensas.

Nosotros perdonamos las ofensas que nos hacen.

Dios nos aparta de la tentación.

Amén.

Resumen

- Jesús nos invita a que llamemos Padre a Dios.
- Jesús enseñó a sus discípulos la Oración del Señor.
- La Oración del Señor contiene siete peticiones.

***Jornada de Fe para Niños, Discernimiento, D6* (827013)**

Imprimi Potest: Stephen T. Rehrauer, CSsR, Provincial de la Provincia de Denver, Redentoristas.

Imprimatur: "Conforme al *CIC* 827, el 20 de septiembre de 2017, el reverendo Mark S. Rivituso, obispo auxiliar de la archidiócesis de St. Louis, concedió el permiso de publicación. El Imprimátur es un permiso para la publicación que indica que la obra no contiene contradicciones con las enseñanzas de la Iglesia Católica, sin embargo no implica la aprobación de las opiniones que se expresan en ella. Con este permiso no se asume ninguna responsabilidad".

Jornada de Fe © 2000, 2017 Liguori Publications, Liguori, MO 63057. Para hacer pedidos, visite *Liguori.org* o llame al 800-325-9521. Liguori Publications, corporación no lucrativa, es un apostolado de los Redentoristas. Para saber más acerca de los Redentoristas visite Redemptorists.com.

Editores de *Jornada de Fe para Niños* 2017: Theresa Nienaber-Panuski and Pat Fosarelli, MD, DMin.

Diseño y producción: Wendy Barnes, John Krus, Lorena Mitre Jimenez, Bill Townsend. Ilustraciones: Jeff Albrecht.

Impreso en los Estados Unidos de América. Tercera edición.

LIBROS LIGUORI

Jornada de Fe

7. Jesús cae por segunda vez.

La jornada se hacía cada vez más difícil. Jesús, tú estabas tan débil que caíste por segunda vez.

Jesús, tiene que haber sido muy pesada tu cruz. Cada paso tiene que haberte producido dolor. Jesús, cuando yo esté a punto de dejarme vencer, ayúdame a seguir esforzándome como tú.

8. Jesús consuela a las mujeres que lloran.

Las mujeres lloraron al ver a Jesús. Él les dijo que no lloraran por él sino por los que sufrirían cuando él se hubiera ido.

Jesús, tú consuelas a las mujeres porque ellas están llorando. Ayúdame a darme cuenta del sufrimiento de los que me rodean. Dame el valor para abrirles los brazos y consolarlos.

9. Jesús cae por tercera vez.

Jesús cayó por tercera vez. Apenas podía levantarse de tan cansado que estaba. Pero siguió avanzando porque nos amaba.

Jesús, tu jornada casi ha concluido pero vuelves a caer. Tú sabes lo que es sentirse débil. No me dejes caer cuando un reto para ser demasiado grande para mí.

10. Jesús es despojado de sus ropas.

Los soldados despojaron de sus ropas a Jesús para avergonzarlo, pero no pudieron arrebatarle su dignidad de Hijo de Dios.

Querido Jesús, cuando me sienta en una situación embarazosa o me sienta herido, recuérdame que soy un hijo de Dios.

11. Jesús es clavado a la cruz.

Los soldados clavaron a Jesús a la cruz y la izaron en lo alto.

Jesús, tus manos han sido fijadas con clavos. Haz que yo sea tus manos en la tierra. No te defendiste porque prestaste oído a tu Padre. Ayúdame a escuchar cuál es el plan que tiene Dios para mí.

12. Jesús muere en la cruz.

Después de tres horas de dolor, Jesús murió. El mundo se hizo oscuro y la tierra tembló...

Jesús tú diste tu vida por mí. Yo quiero darte todo lo que tengo. *Ayúdame, por favor.*

13. Jesús es descendido de la cruz.

Jesús es retirado de la cruz. María lo tomó en sus brazos como lo había hecho cuando él nació.

María, tú abrazas a tu hijo muerto. Ayúdame cuando yo esté triste y acógeme entre tus brazos cuando tenga problemas.

14. Jesús es sepultado.

Los amigos de Jesús se sintieron tristes al depositarlo en el sepulcro. Se preguntaban qué sucedería después.

Jesús, sabemos que tu muerte es el comienzo. Al morir, nos diste a nosotros una nueva vida. ¡Gracias!

Represéntate el Vía Crucis

Selecciona una estación que sobresaliera o tuviera una especial significación para ti. Dibuja cómo imaginas la escena. ¿Dónde está Jesús? ¿Quién más está allí? ¿Qué están sintiendo? ¿Qué están haciendo?

Resumen

- El Vía Crucis tiene sus raíces en la Iglesia inicial.
- Las catorce estaciones tradicionales señalan la ruta de la pasión y muerte de Jesús.
- Para ser seguidores de Jesús tenemos que cargar nuestras propias cruces.

Jornada de Fe para Niños, Discernimiento, D5 (827013)

Imprimi Potest: Stephen T. Rehrauer, CSsR, Provincial de la Provincia de Denver, Redentoristas.

Imprimatur: "Conforme al *CIC* 827, el 20 de septiembre de 2017, el reverendo Mark S. Rivituso, obispo auxiliar de la archidiócesis de St. Louis, concedió el permiso de publicación. El Imprimátur es un permiso para la publicación que indica que la obra no contiene contradicciones con las enseñanzas de la Iglesia Católica, sin embargo no implica la aprobación de las opiniones que se expresan en ella. Con este permiso no se asume ninguna responsabilidad".

Jornada de Fe © 2000, 2017 Liguori Publications, Liguori, MO 63057. Para hacer pedidos, visite *Liguori.org* o llame al 800-325-9521. Liguori Publications, corporación no lucrativa, es un apostolado de los Redentoristas. Para saber más acerca de los Redentoristas visite Redemptorists.com.

Editores de *Jornada de Fe para Niños* 2017: Theresa Nienaber-Panuski and Pat Fosarelli, MD, DMin.

Diseño y producción: Wendy Barnes, John Krus, Lorena Mitre Jimenez, Bill Townsend. Ilustraciones: Jeff Albrecht.

Impreso en los Estados Unidos de América. Tercera edición.

LIBROS LIGUORI

Jornada de Fe

¿En quién y en qué creemos?

Creo en Dios Padre Todopoderoso, creador del cielo y de la tierra...

Mucho antes de que naciéramos nosotros, Dios creó el mundo para que lo disfrutásemos y nos desarrollásemos. Dios lo hizo todo —hasta las cosas que no se pueden ver. Nos dio la vida, una familia, nuestros amigos y la Iglesia. Dios está en todas partes, es eterno y todopoderoso.

y en Jesucristo, su único Hijo, nuestro Señor...

Jesús es el regalo que nos hizo Dios. Él nos muestra y enseña cómo es Dios. Jesús dijo, "Si me conocéis a mí, conoceréis también a mi Padre" (Juan 14:7).

que fue concebido por obra y gracia del Espíritu Santo; nació de santa María Virgen...

Concebido significa que un niño viene a la vida en el interior de su madre. El ángel Gabriel anunció a María el nacimiento de Jesús. Aunque Jesús real y totalmente Dios, él fue también totalmente humano.

padeció bajo el poder de Poncio Pilato; fue crucificado, muerto y sepultado...

Cuando Jesús estaba siendo juzgado, la multitud pidió a gritos a Poncio Pilato que lo crucificara. Muchas personas aceptaron el amor de dios pero otras lo rechazaron. Jesús le fue fiel a Dios Padre y quiso que nosotros nos libráramos del pecado. Jesús nos amó tanto que estuvo dispuesto a morir por nuestros pecados.

descendió a los infiernos; al tercer día resucitó de entre los muertos...

Después de morir. Jesús fue a donde los que habían muerto antes de que él viniera a la tierra, para salvarlos también a ellos. Cuando resucitó en la mañana de Pascua, él demostró que Dios es más fuerte que la muerte.

subió a los cielos; y está sentado a la derecha del Padre...

Jesús **ascendió** (o subió) al cielo con su cuerpo resucitado. Allí vivirá eternamente junto al Padre. Estar "a la derecha de Dios" significa estar donde está Dios.

y desde allí ha de venir a juzgar a los vivos y a los muertos...

Cuando llegue el Juicio Final, Jesús nos recompensará por nuestras buenas obras. El dirá, "Venid, benditos de mi Padre, recibid la herencia del Reino preparado para vosotros..." (Mateo 25:34). Sin embargo, tendremos también la opción de rechazar a Dios y al reino de Dios. Rechazar a Dios significa decidir vivir lejos de Dios por toda la eternidad.

Creo en el Espíritu Santo,...

El Espíritu es Dios, vive en nosotros y en la Iglesia. El Espíritu Santo nos ayuda a orar y amar.

la Santa Iglesia Católica,...

En todo tiempo y lugar, los discípulos de Jesús se congregan en la Iglesia universal. La Iglesia es santa porque le pertenece a Dios y Dios habita en ella.

la Comunión de los Santos,...

La comunión de los santos es la asamblea de los fieles que siguen a Jesús unidos en "un solo cuerpo en Cristo" (Romanos 12:5). En ella están incluidos todos los creyentes —la Iglesia en la tierra, los fieles en el purgatorio y los santos en el cielo.

el perdón de los pecados,...

Dios está siempre dispuesto a perdonarnos cuando nos arrepentimos. La gracia del bautismo nos promete esta misericordia.

la resurrección de los cuerpos y la vida eterna...

Esperamos ir un día al cielo para vivir por siempre junto a Dios, y en virtud de la Resurrección de Jesucristo, Dios dará a nuestros cuerpos la vida que dura para siempre.

Amén.

Amén significa, "¡Sí! Así Es! ¡Yo creo!"

Creo

Escribe, con tus propias palabras, una creencia que hoy hayas adquirido sobre cada una de las personas de la Trinidad.

Padre Todopoderoso, yo creo...

Señor Jesús, yo creo...

Espíritu Santo, yo creo...

Resumen

- El Credo tiene sus raíces en la Iglesia de los inicios.
- El Credo resume los principios fundamentales de nuestra fe.
- El Credo nos unifica como Iglesia.

Jornada de Fe para Niños, Discernimiento, D4 **(827013)**

Imprimi Potest: Stephen T. Rehrauer, CSsR, Provincial de la Provincia de Denver, Redentoristas.

Imprimatur: "Conforme al *CIC* 827, el 20 de septiembre de 2017, el reverendo Mark S. Rivituso, obispo auxiliar de la archidiócesis de St. Louis, concedió el permiso de publicación. El Imprimátur es un permiso para la publicación que indica que la obra no contiene contradicciones con las enseñanzas de la Iglesia Católica, sin embargo no implica la aprobación de las opiniones que se expresan en ella. Con este permiso no se asume ninguna responsabilidad".

Jornada de Fe © 2000, 2017 Liguori Publications, Liguori, MO 63057. Para hacer pedidos, visite *Liguori.org* o llame al 800-325-9521. Liguori Publications, corporación no lucrativa, es un apostolado de los Redentoristas. Para saber más acerca de los Redentoristas visite Redemptorists.com.

Editores de *Jornada de Fe para Niños* 2017: Theresa Nienaber-Panuski and Pat Fosarelli, MD, DMin.

Diseño y producción: Wendy Barnes, John Krus, Lorena Mitre Jimenez, Bill Townsend. Ilustraciones: Jeff Albrecht.

Impreso en los Estados Unidos de América. Tercera edición.

LIBROS LIGUORI

Jornada de Fe

Segundo escrutinio

Cristo es la luz del mundo

En el relato de los Evangelios en el que Jesús sana al ciego de nacimiento (Juan 9:1–41), Jesús se llama a sí mismo la Luz del Mundo:

"Mientras estoy en el mundo, soy luz del mundo".

Juan 9:5

¿En qué forma conocer a Jesús ayuda a comprender el mundo de manera clara?

Tercer escrutinio

Cristo es la resurrección y la vida

En el relato de los Evangelios en el que Jesús devuelve la vida a su amigo Lázaro (Juan 11:1–45), Jesús se llama a sí mismo la resurrección y la vida.

"Jesús le respondió (a Marta), 'Yo soy la resurrección El que cree en mí, aunque muera, vivirá; y todo el que vive y cree en mí, no morirá jamás'".

Juan 11:25–26

¿Cómo es la vida nueva que da Jesús?

Examinar junto a Jesús nuestras acciones

San Ignacio de Loyola sabía que seguir la voluntad de Dios y hacer buenas decisiones era la mejor manera de llevar una vida santa. ¡San Ignacio hablaba todos los días con Dios acerca de cómo hacer mejor las cosas! De hecho, san Ignacio pensaba que esto era tan importante que creó una forma de orar en cinco pasos para que otras personas pudieran hacer eso también. A esa forma de orar le llamamos el **examen** porque es algo que hacemos todos los días para examinar nuestras vidas.

1. Recuerda que Dios está contigo. Siempre que oramos, Dios viene a nosotros de una manera especial.
2. Di "gracias". Dios nos da todos los días un montón de regalos. Según vayas repasando lo que hiciste hoy da gracias a Dios por todo lo que te dio.
3. Pídele ayuda al Espíritu Santo. El Espíritu Santo puede ayudarte a analizar con claridad tus acciones y comprender tus elecciones.
4. Revisa el día transcurrido. Piensa en todo lo sucedido. Presta atención a lo que hiciste y a por qué hiciste esas elecciones. ¿Le dijiste "sí" a Dios en cada ocasión que se te presentó la posibilidad?
5. Di "Perdón". Todos tomamos malas decisiones a veces. Si te das cuenta de que tomaste una mala decisión, pide perdón a Jesús. Pídele que te ayude a actuar mejor la próxima vez. Entonces termina tu Examen con un Padre Nuestro.

Decir sí a Jesús

En cada una de las situaciones que se describen a continuación, señala si le dijiste "sí" o "no" a Dios con tu comportamiento. Después escribe una oración explicando por qué esa conducta es o no la que Dios espera de ti.

Una bola de amigos tuyos se están riendo de la ropa de alguien. Tú te les unes.

Sí No

Por qué: ____________________

Tu amigo te pide que le soples una pregunta en una prueba sorpresa. En vez de hacerlo, te ofreces para ayudarlo a estudiar.

Sí No

Por qué: ____________________

Te aburres durante la misa, así que decides empezar a enviar mensajes de texto en vez de prestar atención.

Sí No

Por qué: ____________________

Oyes a tus compañeros de clases hablar mal de alguien. No haces nada.

Sí No

Por qué: ____________________

Tu hermana está estudiando para un examen muy importante, así que te ofreces para hacer por ella las tareas domésticas después de la cena.

Sí No

Por qué: ____________________

Resumen

- El examen diario de conciencia nos aproxima a Dios.
- La misericordia de Dios se da gratis y es para todos.
- Los escrutinios son ritos destinados a la introspección y al arrepentimiento.

***Jornada de Fe para Niños, Discernimiento, D3* (827013)**

Imprimi Potest: Stephen T. Rehrauer, CSsR, Provincial de la Provincia de Denver, Redentoristas.

Imprimatur: "Conforme al *CIC* 827, el 20 de septiembre de 2017, el reverendo Mark S. Rivituso, obispo auxiliar de la archidiócesis de St. Louis, concedió el permiso de publicación. El Imprimátur es un permiso para la publicación que indica que la obra no contiene contradicciones con las enseñanzas de la Iglesia Católica, sin embargo no implica la aprobación de las opiniones que se expresan en ella. Con este permiso no se asume ninguna responsabilidad".

Jornada de Fe © 2000, 2017 Liguori Publications, Liguori, MO 63057. Para hacer pedidos, visite *Liguori.org* o llame al 800-325-9521. Liguori Publications, corporación no lucrativa, es un apostolado de los Redentoristas. Para saber más acerca de los Redentoristas visite Redemptorists.com.

Editores de *Jornada de Fe para Niños* 2017: Theresa Nienaber-Panuski and Pat Fosarelli, MD, DMin.

Diseño y producción: Wendy Barnes, John Krus, Lorena Mitre Jimenez, Bill Townsend. Ilustraciones: Jeff Albrecht.

Impreso en los Estados Unidos de América. Tercera edición.

LIBROS LIGUORI

Jornada de Fe

LA ORACIÓN

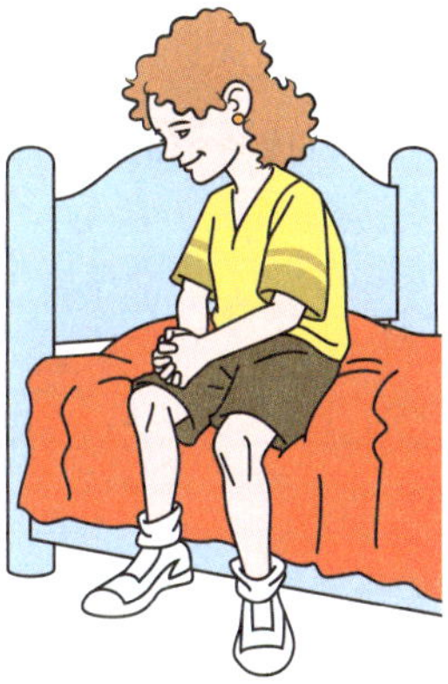

Con frecuencia, Jesús oró solo. Él sabía que su fuerza venía del cielo. La oración es también una gran fuente de fortaleza para nosotros. Durante esta Cuaresma, recuerda rezar todos los días.

¿Cómo te gusta rezar?

¿Por qué cosa quieres rezar durante esta Cuaresma?

EL AYUNO

Jesús ayunó en el desierto para acercarse más a Dios. **Ayunar** es comer porciones más pequeñas o hacer solo una comida al día como vía para aproximarse a Dios. Los adultos ayunan durante el Miércoles de Ceniza y el Viernes Santo durante la Cuaresma. También nos abstenemos de comer carne durante todos los viernes de la Cuaresma y optamos por comidas más simples consistentes en pescado, pasta u hortalizas. Tú puedes ayunar durante la Cuaresma renunciando a comer la golosina que más te gusta o el postre, o no sirviéndote por segunda vez.

¿A qué pudieras renunciar en esta Cuaresma para aproximarte más a Dios?

LA LIMOSNA

Limosna es aquello que, como dinero, alimentos o ropa, entregamos a los pobres. La Cuaresma es un buen momento para ayudar a los necesitados de tu localidad. Si entregas tu tiempo, dinero o cosas a otros, están ocupándote de tu prójimo tal como pide Jesús.

¿Qué puedes entregar a otros en esta Cuaresma?

Los símbolos de la Cuaresma

LAS CENIZAS

El Miércoles de Ceniza asistimos a una misa especial en la que el sacerdote bendice las **cenizas** con las que después hace la señal de la cruz sobre nuestras frentes. Las cenizas se obtienen de las palmas del Domingo de Ramos del año anterior que han sido quemadas y, después, bendecidas. Ellas nos recuerdan que debemos darle la espalda al pecado y que, sin Dios, somos como polvo o cenizas —algo que no tiene vida.

LOS COLORES

Durante la mayor parte de la Cuaresma, el sacerdote viste de morado durante la misa. El **morado** es el color del arrepentimiento, una muestra de pesar. El cuarto domingo de Cuaresma pasa a vestir del color de **rosa** como señal de que la alegría de la Pascua ya está muy próxima.

LOS RAMOS

El **Domingo de Ramos**, una semana antes de la Pascua, la Iglesia da inicio a la Semana Santa. Agitamos hojas de palma en recuerdo de la entrada de Jesús a Jerusalén (Mateo 21:1–11; Marcos 11:1–11; Lucas 19:28–40; Juan 12:12–19). Las hojas de palma nos recuerdan honrar a Jesús como rey nuestro.

¿QUÉ SIGNIFICA?

Traza una línea para conectar cada palabra de la izquierda con su significado a la derecha.

Hojas de palma	Deseo o atracción por el pecado
Limosna	Dejar de comer
Cenizas	Hablar con Dios
Ayuno	La Palabra de Dios escrita e historias sobre el pueblo de Dios
Oración	Lo que la multitud agita al paso de Jesús
La Biblia	Dar dinero o comida a los pobres
Tentación	Las hojas de palma quemadas

Resumen

- Los principales temas abordados durante la Cuaresma incluyen el arrepentimiento, el sacrificio, el crecimiento y el triunfo sobre las tentaciones.
- La práctica del ayuno, la oración y la limosna son de la mayor importancia durante la Cuaresma.
- Muchos símbolos están asociados a la Cuaresma.

***Jornada de Fe para Niños, Discernimiento, D2* (827013)**

Imprimi Potest: Stephen T. Rehrauer, CSsR, Provincial de la Provincia de Denver, Redentoristas.

Imprimatur: "Conforme al *CIC* 827, el 20 de septiembre de 2017, el reverendo Mark S. Rivituso, obispo auxiliar de la archidiócesis de St. Louis, concedió el permiso de publicación. El Imprimátur es un permiso para la publicación que indica que la obra no contiene contradicciones con las enseñanzas de la Iglesia Católica, sin embargo no implica la aprobación de las opiniones que se expresan en ella. Con este permiso no se asume ninguna responsabilidad".

Jornada de Fe © 2000, 2017 Liguori Publications, Liguori, MO 63057. Para hacer pedidos, visite *Liguori.org* o llame al 800-325-9521. Liguori Publications, corporación no lucrativa, es un apostolado de los Redentoristas. Para saber más acerca de los Redentoristas visite Redemptorists.com.

Editores de *Jornada de Fe para Niños* 2017: Theresa Nienaber-Panuski and Pat Fosarelli, MD, DMin.

Diseño y producción: Wendy Barnes, John Krus, Lorena Mitre Jimenez, Bill Townsend. Ilustraciones: Jeff Albrecht.

Impreso en los Estados Unidos de América. Tercera edición.

LIBROS LIGUORI

Jornada de Fe

Los doce que caminaron con Jesús

Lee este poema acerca de los apóstoles. Después sigue las instrucciones que aparecen a continuación del mismo.

Jesús llama a que el que quiera, lo deje todo y lo siga.
Y a que preste su atención a todo lo que les diga.

Andrés y Pedro arreglaban sus redes junto a la orilla.
Mas cuando llama Jesús, lo dejan todo en la arcilla.

Santiago y Juan, los hijos de Zebedeo, siguen a Jesús los dos.
Felipe y Tomás, que duda, siguen jubilosos al hijo de Dios.

Llama entonces a Leví, que al pueblo le cobra impuestos y por eso le disgusta.
Cenan juntos, lo transforma, le da por nombre Mateo que cambia a una vida justa.

Llama a Simón, "el celota", y dice Bartolomé "Llévame también a mí".
Otro Santiago y dos Judas completan los doce sís.

Once se mantienen fieles, mas uno se hace traidor.
¡Pobre diablo, mira que abandonar al Señor!

Hoy los amigos de Jesús son tantos que no se les puede contar. Por todo el mundo hay seguidores suyos. Tú has sido escogido para ser su amigo y él te pide hoy que le sigas.

Camina siempre por la ruta que Jesús siguió y sé siempre su amigo leal y verdadero. Ámalo con todo tu corazón y con toda tu alma, como él te ha amado siempre a ti.

FAMILIARIZÁNDOSE CON LOS APÓSTOLES

Lee el poema sobre los apóstoles que aparece en la página anterior, y sigue entonces las instrucciones correspondientes a la siguiente actividad.

Traza un círculo alrededor el nombre del hermano mayor de Andrés.

Subraya el nombre del que "no estaba seguro".

Encierra en un cuadrado el nombre del cobrador de impuestos.

Resalta los nombres de los "hijos de Zebedeo".

Subraya con dos líneas el nombre del hermano de Pedro.

Pon una estrella sobre el nombre del "celota".

Resumen

- A lo largo de la historia, las personas han reaccionado de manera diferente al mensaje de Jesús sobre el discipulado.
- Como elegido, estás llamado a integrarte al discipulado.
- Al ir creciendo en la fe, se te pedirá que pienses al emprender acciones y hacer elecciones.

***Jornada de Fe para Niños, Discernimiento, D1* (827013)**

Imprimi Potest: Stephen T. Rehrauer, CSsR, Provincial de la Provincia de Denver, Redentoristas.

Imprimatur: "Conforme al *CIC* 827, el 20 de septiembre de 2017, el reverendo Mark S. Rivituso, obispo auxiliar de la archidiócesis de St. Louis, concedió el permiso de publicación. El Imprimátur es un permiso para la publicación que indica que la obra no contiene contradicciones con las enseñanzas de la Iglesia Católica, sin embargo no implica la aprobación de las opiniones que se expresan en ella. Con este permiso no se asume ninguna responsabilidad".

Jornada de Fe © 2000, 2017 Liguori Publications, Liguori, MO 63057. Para hacer pedidos, visite *Liguori.org* o llame al 800-325-9521. Liguori Publications, corporación no lucrativa, es un apostolado de los Redentoristas. Para saber más acerca de los Redentoristas visite Redemptorists.com.

Editores de *Jornada de Fe para Niños* 2017: Theresa Nienaber-Panuski and Pat Fosarelli, MD, DMin.

Diseño y producción: Wendy Barnes, John Krus, Lorena Mitre Jimenez, Bill Townsend. Ilustraciones: Jeff Albrecht.

Impreso en los Estados Unidos de América. Tercera edición.

ISBN 978-0-7648-2701-3

90000>

9 780764 827013